Šola - die Schule 2
Potovanje - die Reise 5
Prevoz - der Transport 8
Mesto - die Stadt 10
Pokrajina - die Landschaft 14
Restavracija - das Restaurant 17
Supermarket - der Supermarkt 20
Pijače - die Getränke 22
Hrana - das Essen 23
Kmetija - der Bauernhof 27
Hiša - das Haus 31
Dnevna soba - das Wohnzimmer 33
Kuhinja - die Küche 35
Kopalnica - das Badezimmer 38
Otroška soba - das Kinderzimmer 42
Oblačilo - die Kleidung 44
Pisarna - das Büro 49
Gospodarstvo - die Wirtschaft 51
Poklici - die Berufe 53
Orodje - die Werkzeuge 56
Glasbeni instrument - die Musikinstrumente 57
Živalski vrt - der Zoo 59
Šport - der Sport 62
Dejavnosti - die Aktivitäten 63
Družina - die Familie 67
Telo - der Körper 68
Bolnišnica - das Krankenhaus 72
Nujni primer - der Notfall 76
Zemlja - die Erde 77
Ura - die Uhr 79
Teden - die Woche 80
Leto - das Jahr 81
Oblike - die Formen 83
Barve - die Farben 84
Nasprotja - die Gegenteile 85
Števila - die Zahlen 88
Jeziki - die Sprachen 90
Kdo / kaj / kako - wer / was / wie 91
Kje - wo 92

Impressum
Verlag: BABADADA GmbH, Nedderfeld 112 , 22529 Hamburg
Geschäftsführer / Verlagsleitung: Harald Hof
Druck: Books on Demand GmbH, In de Tarpen 42, 22848 Norderstedt

Imprint
Publisher: BABADADA GmbH, Nedderfeld 112 , 22529 Hamburg, Germany
Managing Director / Publishing direction: Harald Hof
Print: Books on Demand GmbH, In de Tarpen 42, 22848 Norderstedt, Germany

die Schule

Razred
das Klassenzimmer

Deljenje
dividieren

186/2

Tabla
die Tafel

Šolsko dvorišče
der Schulhof

Učitelj
der Lehrer

Papir
das Papier

Pisati
schreiben

Pisalo
der Stift

Pisalna miza
der Schreibtisch

Ravnilo
das Lineal

Knjiga
das Buch

Učenec
die Schüler

Šolska torba
der Ranzen

Peresnica
die Federmappe

Svinčnik
der Bleistift

Šilček
der Bleistiftanspitzer

Radirka
das Radiergummi

Risalni blok
der Zeichenblock

Risba
die Zeichnung

Čopič
der Pinsel

Vodene barvice
der Malkasten

Škarje
die Schere

Lepilo
der Klebstoff

Zvezek
das Übungsheft

Domača naloga
die Hausaufgabe

12

Število
die Zahl

2+2

Seštevanje
addieren

5-2

Odštevanje
subtrahieren

2×2

Množenje
multiplizieren

Računanje
rechnen

A

Črka
der Buchstabe

**ABCDEFG
HIJKLMN
OPQRSTU
VWXYZ**

Abeceda
das Alphabet

hello

Beseda
das Wort

Besedilo

der Text

Brati

lesen

Kreda

die Kreide

Učna ura

die Stunde

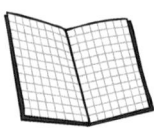

Redovalnica

das Klassenbuch

Preizkus znanja

die Prüfung

Spričevalo

das Zeugnis

Šolska uniforma

die Schuluniform

Izobrazba

die Ausbildung

Enciklopedija

das Lexikon

Univerza

die Universität

Mikroskop

das Mikroskop

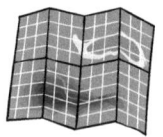

Zemljevid

die Karte

Koš za smeti

der Papierkorb

Potovanje
die Reise

Hotel
das Hotel
Grand
Hostel
die Herberge
ROOMS
Menjalnica
die Wechselstube
CHANGE
Kovček
der Koffer
Avtomobil
das Auto

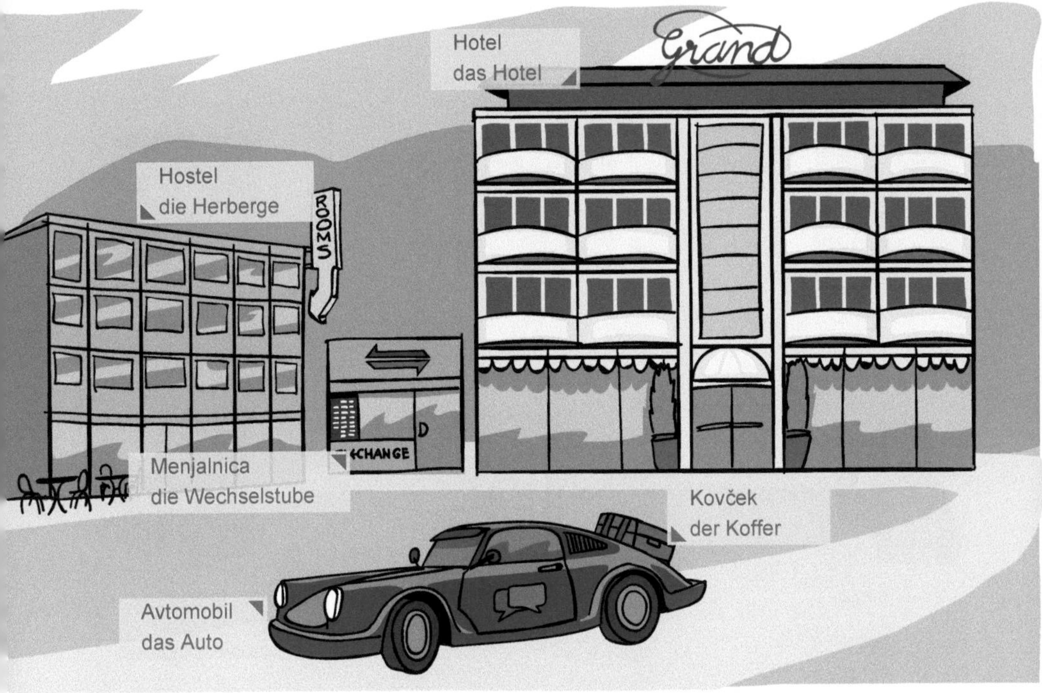

Jezik

die Sprache

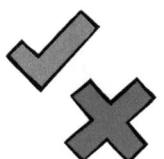

da / ne

ja / nein

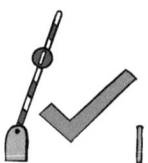

Prav

Okay

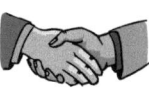

Pozdravljeni

Hallo

Prevajalec

der Übersetzer

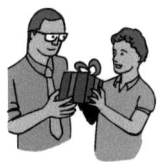

Hvala

Danke

Koliko stane...?

Was kostet...?

Ne razumem

Ich verstehe nicht

Težava

das Problem

Dober večer!

Guten Abend!

Dobro jutro!

Guten Morgen!

Lahko noč!

Gute Nacht!

Nasvidenje

Auf Wiedersehen

Smer

die Richtung

Prtljaga

das Gepäck

Torba

die Tasche

Nahrbtnik

der Rucksack

Gost

der Gast

Soba

das Zimmer

Spalna vreča

der Schlafsack

Šotor

das Zelt

Turistične informacije

die Touristeninformation

Plaža

der Strand

Kreditna kartica

die Kreditkarte

Zajtrk

das Frühstück

Kosilo

das Mittagessen

Večerja

das Abendessen

Vozovnica

die Fahrkarte

Dvigalo

der Fahrstuhl

Znamka

die Briefmarke

Meja

die Grenze

Carina

der Zoll

Veleposlaništvo

die Botschaft

Vizum

das Visum

Potni list

der Pass

Prevoz
der Transport

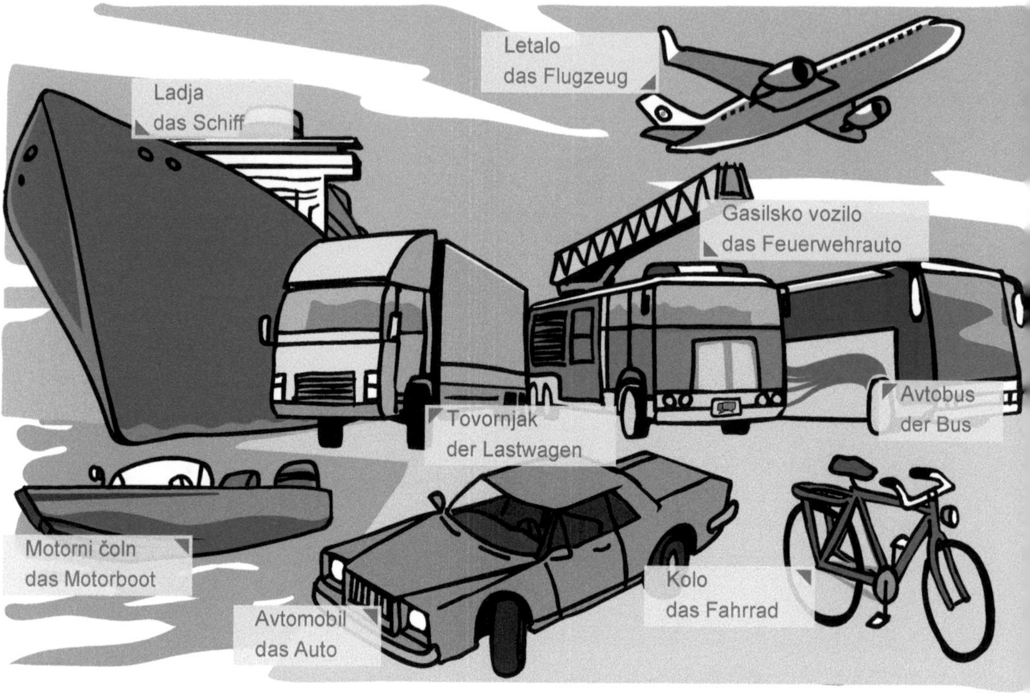
Letalo
das Flugzeug
Ladja
das Schiff
Gasilsko vozilo
das Feuerwehrauto
Avtobus
der Bus
Tovornjak
der Lastwagen
Motorni čoln
das Motorboot
Kolo
das Fahrrad
Avtomobil
das Auto

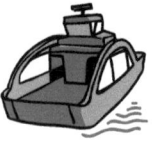

Trajekt

die Fähre

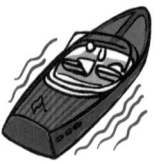

Čoln

das Boot

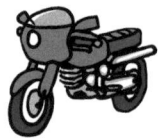

Motorno kolo

das Motorrad

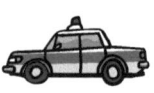

Policijski avto

das Polizeiauto

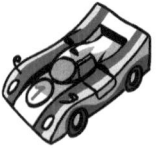

Dirkalni avto

das Rennauto

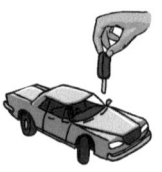

Najeto vozilo

der Mietwagen

Souporaba avtomobila

das Carsharing

Avtovleka

der Abschleppwagen

Smetarsko vozilo

das Müllauto

Motor

der Motor

Gorivo

der Kraftstoff

Bencinska postaja

die Tankstelle

Prometni znak

das Verkehrsschild

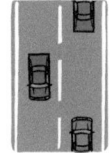

Promet

der Verkehr

Zastoj

der Stau

Parkirišče

der Parkplatz

Železniška postaja

der Bahnhof

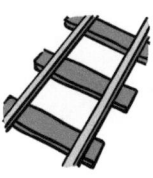

Tirnice

die Schienen

Vlak

der Zug

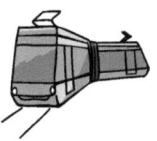

Tramvaj

die Straßenbahn

Vagon

der Wagon

Helikopter

der Helikopter

Letališče

der Flughafen

Stolp

der Tower

Potnik

der Passagier

Kontejner

der Container

Karton

der Karton

Voziček

der Karren

Košara

der Korb

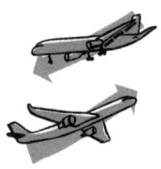

vzleteti / pristati

starten / landen

Mesto
die Stadt

Vas

das Dorf

Mestno jedro

das Stadtzentrum

Hiša

das Haus

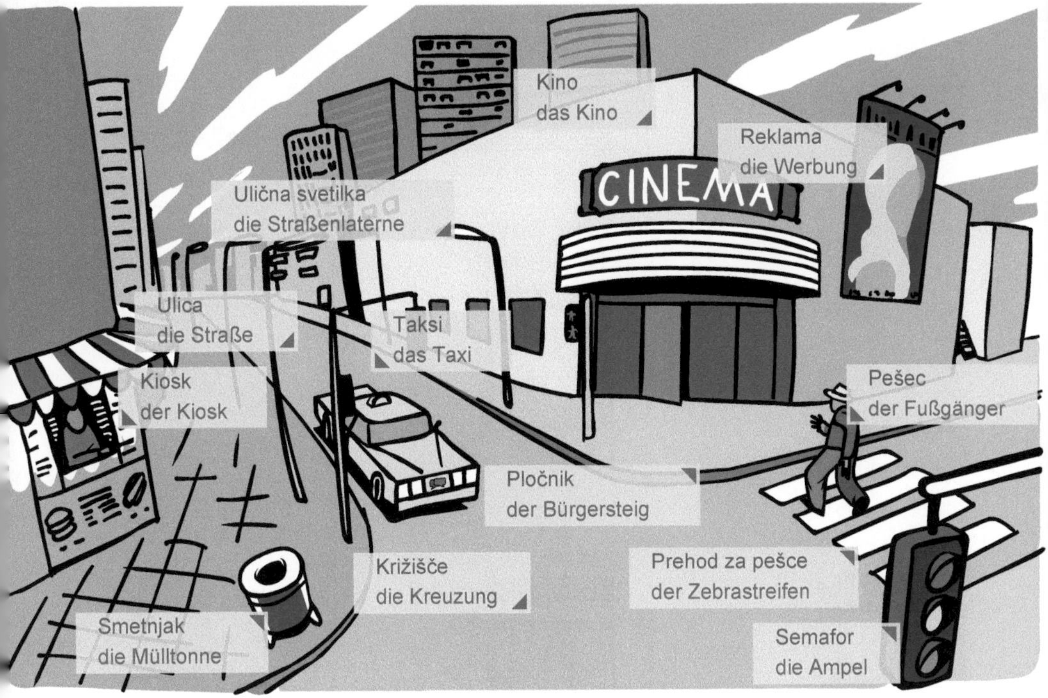

Kino
das Kino

Reklama
die Werbung

Ulična svetilka
die Straßenlaterne

CINEMA

Ulica
die Straße

Taksi
das Taxi

Kiosk
der Kiosk

Pešec
der Fußgänger

Pločnik
der Bürgersteig

Križišče
die Kreuzung

Prehod za pešce
der Zebrastreifen

Smetnjak
die Mülltonne

Semafor
die Ampel

Koča
die Hütte

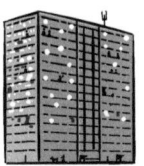

Stanovanje
die Wohnung

Železniška postaja
der Bahnhof

Mestna hiša
das Rathaus

Muzej
das Museum

Šola
die Schule

Univerza

die Universität

Banka

die Bank

Bolnišnica

das Krankenhaus

Hotel

das Hotel

Lekarna

die Apotheke

Pisarna

das Büro

Knjigarna

die Buchhandlung

Trgovina

das Geschäft

Cvetličarna

der Blumenladen

Supermarket

der Supermarkt

Tržnica

der Markt

Veleblagovnica

das Kaufhaus

Ribarnica

der Fischhändler

Nakupovalno središče

das Einkaufszentrum

Pristanišče

der Hafen

Park
der Park

Klop
die Bank

Most
die Brücke

Stopnice
die Treppe

Podzemna železnica
die U-Bahn

Predor
der Tunnel

Avtobusno postajališče
die Bushaltestelle

Bar
die Bar

Restavracija
das Restaurant

Poštni nabiralnik
der Briefkasten

Ulična tabla
das Straßenschild

Parkirna ura
die Parkuhr

Živalski vrt
der Zoo

Kopališče
die Badeanstalt

Mošeja
die Moschee

Kmetija

der Bauernhof

Onesnaževanje

die Umweltverschmutzung

Pokopališče

der Friedhof

Cerkev

die Kirche

Otroško igrišče

der Spielplatz

Tempelj

der Tempel

Pokrajina
die Landschaft

List
das Blatt

Kažipot
der Wegweiser

Pot
der Weg

Travnik
die Wiese

Kamen
der Stein

Drevo
der Baum

Pohodnik
der Wanderer

Reka
der Fluss

Trava
das Gras

Cvetlica
die Blume

Dolina

das Tal

Hrib

der Berg

Jezero

der See

Gozd

der Wald

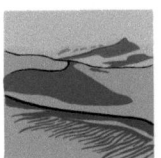

Puščava

die Wüste

Vulkan

der Vulkan

Grad

das Schloss

Mavrica

der Regenbogen

Goba

der Pilz

Palma

die Palme

Komar

der Moskito

Muha

die Fliege

Mravlja

die Ameise

Čebela

die Biene

Pajek

die Spinne

Hrošč

der Käfer

Žaba

der Frosch

Veverica

das Eichhörnchen

Jež

der Igel

Zajec

der Hase

Sova

die Eule

Ptič

die Vogel

Labod

der Schwan

Divji prašič

das Wildschwein

Jelen

der Hirsch

Los

der Elch

Jez

der Staudamm

Vetrnica

das Windrad

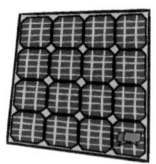

Solarna plošča

das Solarmodul

Podnebje

das Klima

Restavracija
das Restaurant

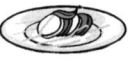

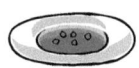

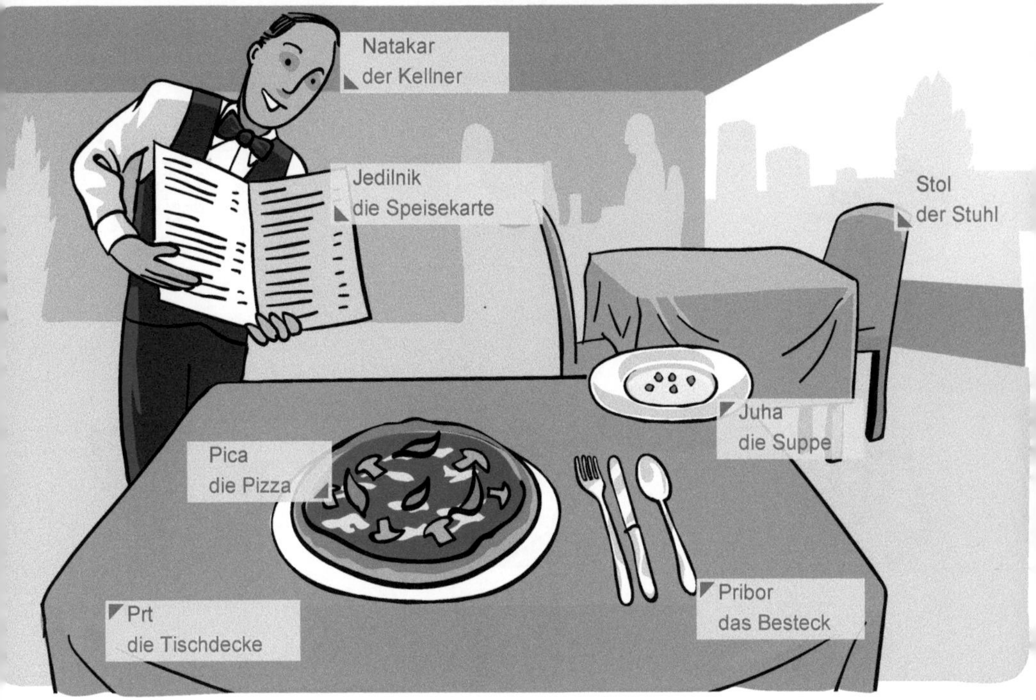

Natakar
der Kellner
Jedilnik
die Speisekarte
Stol
der Stuhl
Juha
die Suppe
Pica
die Pizza
Pribor
das Besteck
Prt
die Tischdecke

Predjed
die Vorspeise

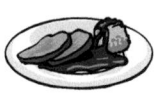

Glavna jed
das Hauptgericht

Sladica
die Nachspeise

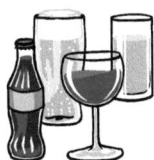

Pijače
die Getränke

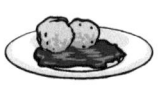

Hrana
das Essen

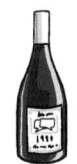

Steklenica
die Flasche

Hitra hrana

das Fastfood

Ulična hrana

das Streetfood

Čajnik

die Teekanne

Sladkornica

die Zuckerdose

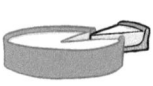

Porcija

die Portion

Aparat za espresso

die Espressomaschine

Stolček za hranjenje

der Hochstuhl

Račun

die Rechnung

Pladenj

das Tablett

Nož

das Messer

Vilica

die Gabel

Žlica

der Löffel

Čajna žlička

der Teelöffel

Servieta

die Serviette

Kozarec

das Glas

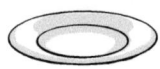

Krožnik

der Teller

Globoki krožnik

der Suppenteller

Krožniček

die Untertasse

Omaka

die Sauce

Solnica

der Salzstreuer

Mlinček za poper

die Pfeffermühle

Kis

der Essig

Olje

das Öl

Začimbe

die Gewürze

Kečap

das Ketchup

Gorčica

der Senf

Majoneza

die Mayonnaise

Supermarket
der Supermarkt

Posebna ponudba
das Angebot
FOR
Stranka
der Kunde
Mlečni izdelki
die Milchprodukte
Sadje
das Obst
Nakupovalni voziček
der Einkaufswagen

BUTCHERS

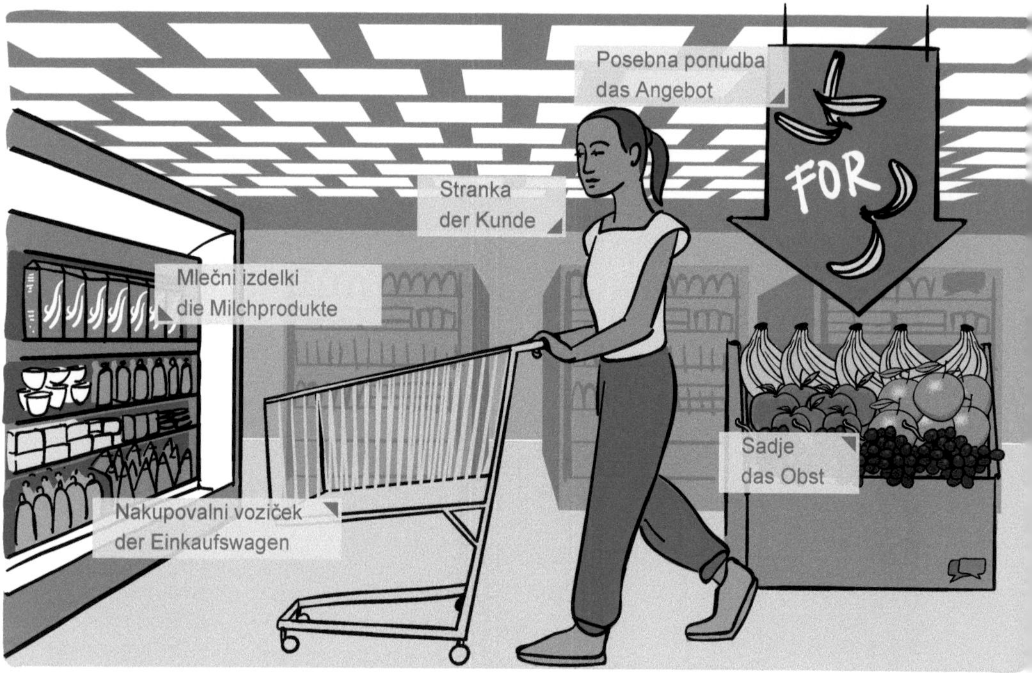

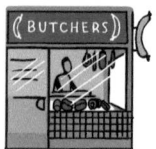

Mesnica

die Schlachterei

BAKERY

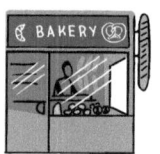

Pekarna

die Bäckerei

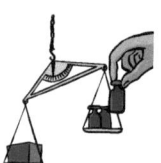

Tehtati

wiegen

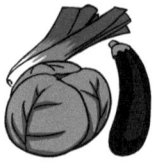

Zelenjava

das Gemüse

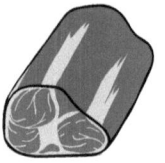

Meso

das Fleisch

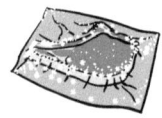

Zamrznjena hrana

die Tiefkühlkost

Hladne mesnine

der Aufschnitt

Konzerve

die Konserven

Pralni prašek

das Waschmittel

Sladkarije

die Süßigkeiten

Gospodinjski izdelki

die Haushaltsartikel

Čistilno sredstvo

das Reinigungsmittel

Prodajalka

die Verkäuferin

Blagajna

die Kasse

Blagajnik

der Kassierer

Nakupovalni seznam

die Einkaufsliste

Delovni čas

die Öffnungszeiten

Denarnica

die Brieftasche

Kreditna kartica

die Kreditkarte

Torba

die Tasche

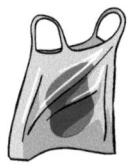

Plastična vrečka

die Plastiktüte

Voda

das Wasser

Sok

der Saft

Mleko

die Milch

Kola

die Cola

Vino

der Wein

Pivo

das Bier

Alkohol

der Alkohol

Kakav

der Kakao

Čaj

der Tee

Kava

der Kaffee

Espresso

der Espresso

Kapučino

der Cappuccino

Banana

die Banane

Jabolko

der Apfel

Pomaranča

die Orange

Lubenica

die Melone

Limona

die Zitrone

Korenje

die Karotte

Česen

der Knoblauch

Bambus

der Bambus

Čebula

die Zwiebel

Goba

der Pilz

Oreščki

die Nüsse

Rezanci

die Nudeln

Špageti

die Spaghetti

Riž

der Reis

Solata

der Salat

Ocvrt krompirček

die Pommes frites

Pečen krompir

die Bratkartoffeln

Pica

die Pizza

Hamburger

der Hamburger

Sendvič

das Sandwich

Zrezek

das Schnitzel

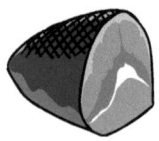

Šunka

der Schinken

Salama

die Salami

Klobasa

die Wurst

Piščanec

das Huhn

Pečenka

der Braten

Riba

der Fisch

Ovseni kosmiči

die Haferflocken

Musli

das Müsli

Koruzni kosmiči

die Cornflakes

Moka

das Mehl

Rogljiček

das Croissant

Žemlja

das Brötchen

Kruh

das Brot

Prepečenec

der Toast

Piškoti

die Kekse

Maslo

die Butter

Skuta

der Quark

Torta

der Kuchen

Jajce

das Ei

Pečeno jajce na oko

das Spiegelei

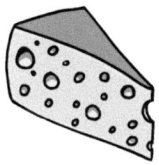

Sir

der Käse

Sladoled

die Eiscreme

Sladkor

der Zucker

Med

der Honig

Marmelada

die Marmelade

Čokoladni namaz

die Nougat-Creme

Kari

das Curry

Kmetija

der Bauernhof

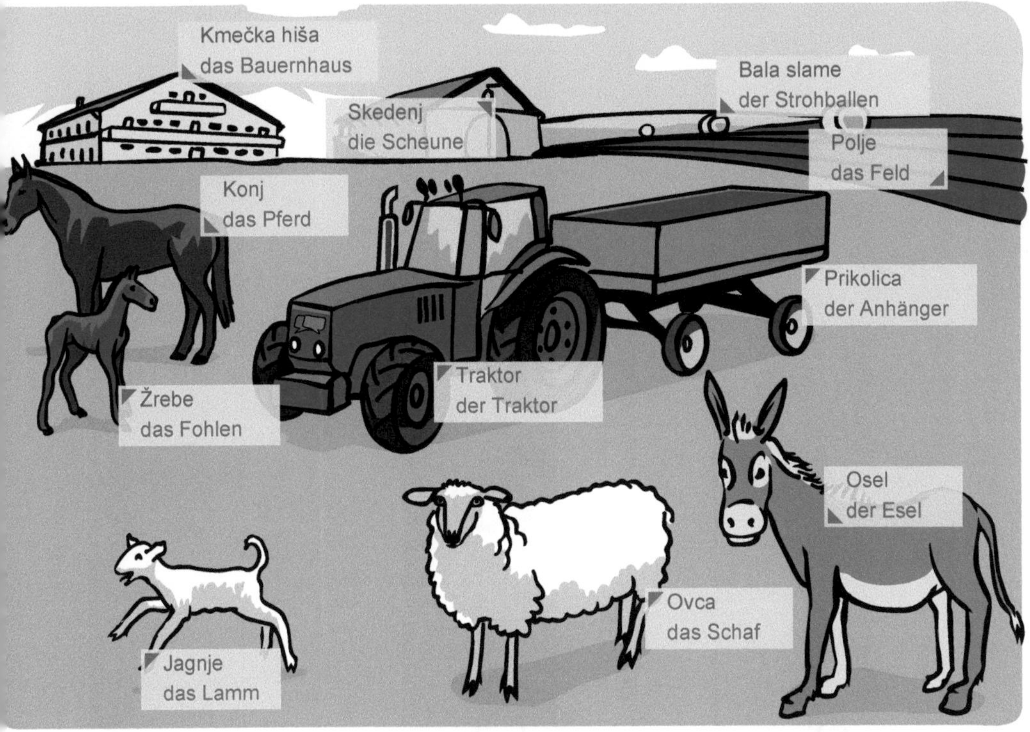
Kmečka hiša
das Bauernhaus
Bala slame
der Strohballen
Skedenj
die Scheune
Polje
das Feld
Konj
das Pferd
Prikolica
der Anhänger
Traktor
der Traktor
Žrebe
das Fohlen
Osel
der Esel
Ovca
das Schaf
Jagnje
das Lamm

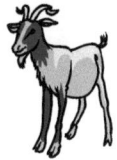

Koza

die Ziege

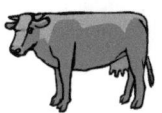

Krava

die Kuh

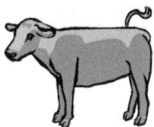

Tele

das Kalb

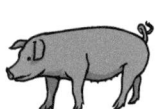

Prašič

das Schwein

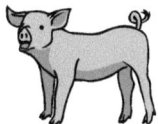

Pujsek

das Ferkel

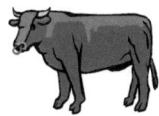

Bik

der Bulle

Gos

die Gans

Raca

die Ente

Piščanec

das Küken

Kokoš

das Huhn

Petelin

der Hahn

Podgana

die Ratte

Mačka

die Katze

Miš

die Maus

Vol

der Ochse

Pes

der Hund

Pasja uta

die Hundehütte

Cev za zalivanje

der Gartenschlauch

Kangla za zalivanje

die Gießkanne

Kosa

die Sense

Plug

der Pflug

Srp

die Sichel

Motika

die Hacke

Vile

die Mistgabel

Sekira

die Axt

Samokolnica

die Schubkarre

Korito

der Trog

Kangla za mleko

die Milchkanne

Vreča

der Sack

Ograja

der Zaun

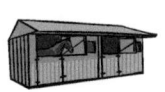

Hlev

der Stall

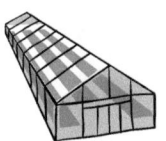

Rastlinjak

das Treibhaus

Prst

der Boden

Seme

die Saat

Gnojilo

der Dünger

Kombajn

der Mähdrescher

Žeti

ernten

Žetev

die Ernte

Jam

die Yamswurzel

Pšenica

der Weizen

Soja

das Soja

Krompir

die Kartoffel

Koruza

der Mais

Oljna ogrščica

der Raps

Sadno drevo

der Obstbaum

Maniok

der Maniok

Žito

das Getreide

Hiša
das Haus

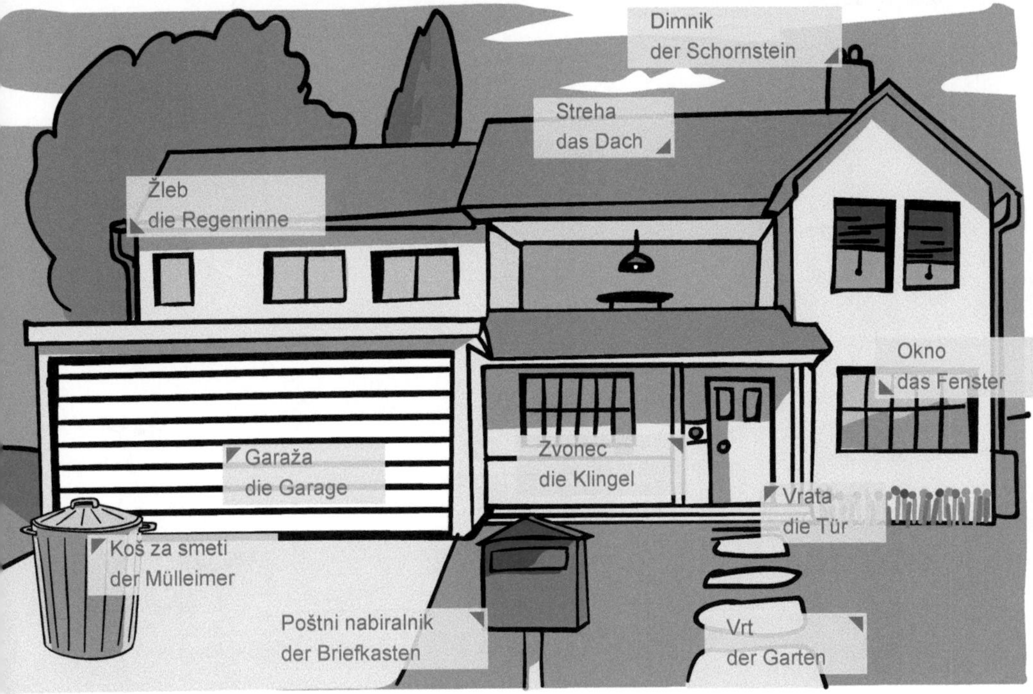

Dimnik
der Schornstein
Streha
das Dach
Žleb
die Regenrinne
Okno
das Fenster
Zvonec
die Klingel
Garaža
die Garage
Vrata
die Tür
Koš za smeti
der Mülleimer
Poštni nabiralnik
der Briefkasten
Vrt
der Garten

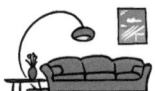

Dnevna soba

das Wohnzimmer

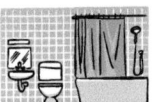

Kopalnica

das Badezimmer

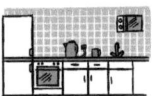

Kuhinja

die Küche

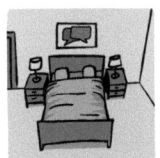

Spalnica

das Schlafzimmer

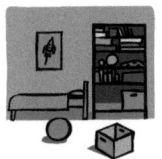

Otroška soba

das Kinderzimmer

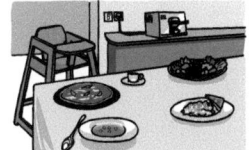

Jedilnica

das Esszimmer

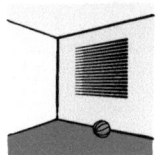

Tla

der Boden

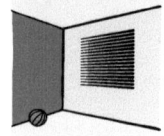

Stena

die Wand

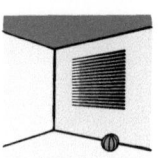

Strop

die Decke

Klet

der Keller

Savna

die Sauna

Balkon

der Balkon

Terasa

die Terrasse

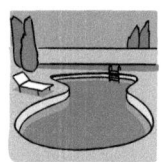

Bazen

das Schwimmbad

Kosilnica

der Rasenmäher

Rjuha

der Bettbezug

Posteljno pregrinjalo

die Bettdecke

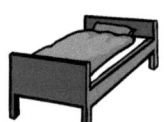

Postelja

das Bett

Metla

der Besen

Vedro

der Eimer

Stikalo

der Schalter

Dnevna soba
das Wohnzimmer

Tapeta
die Tapete
Slika
das Bild
Svetilka
die Lampe
Polica
das Regal
Omara
der Schrank
Televizor
der Fernseher
Kamin
der Kamin
Cvetlica
die Blume
Blazina
das Kissen
Zofa
das Sofa
Vaza
die Vase
Daljinski upravljalnik
die Fernbedienung

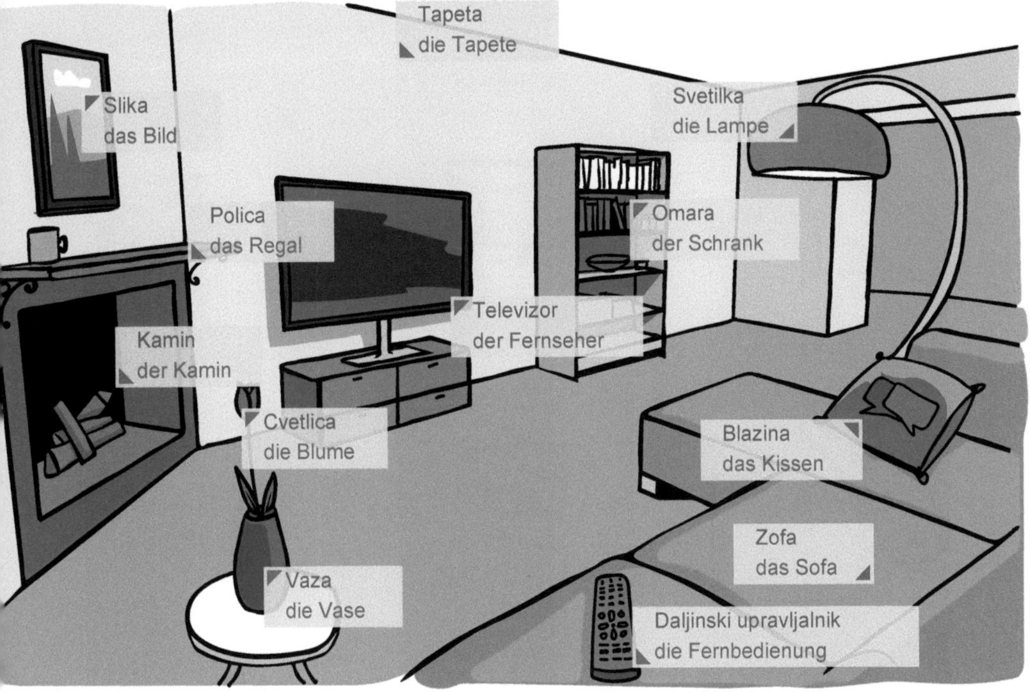

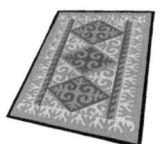

Preproga

der Teppich

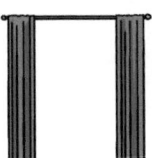

Zavesa

der Vorhang

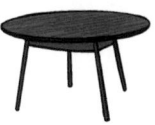

Miza

der Tisch

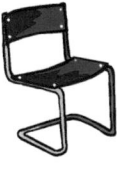

Stol

der Stuhl

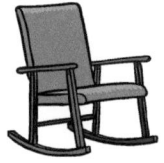

Gugalnik

der Schaukelstuhl

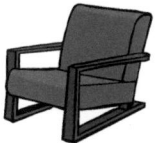

Naslanjač

der Sessel

Knjiga

das Buch

Odeja

die Decke

Dekoracija

die Dekoration

Drva

das Feuerholz

Film

der Film

Glasbeni stolp

die Stereoanlage

Ključ

der Schlüssel

Časopis

die Zeitung

Slika

das Gemälde

Plakat

das Poster

Radio

das Radio

Beležka

der Notizblock

Sesalnik

der Staubsauger

Kaktus

der Kaktus

Sveča

die Kerze

Kuhinja
die Küche

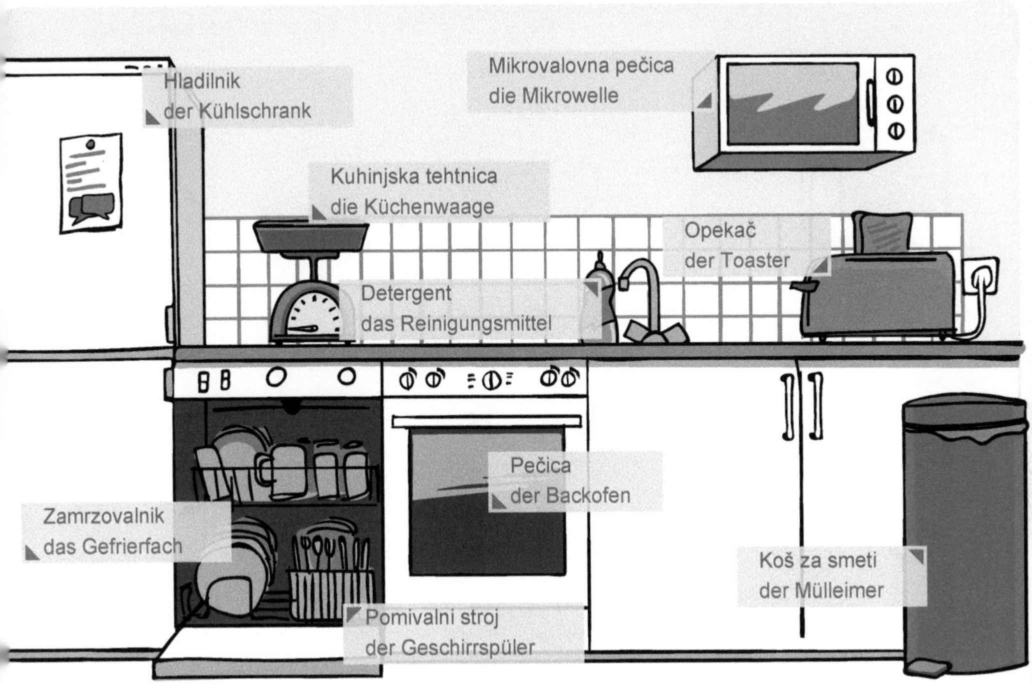

Hladilnik
der Kühlschrank
Mikrovalovna pečica
die Mikrowelle
Kuhinjska tehtnica
die Küchenwaage
Opekač
der Toaster
Detergent
das Reinigungsmittel
Pečica
der Backofen
Zamrzovalnik
das Gefrierfach
Koš za smeti
der Mülleimer
Pomivalni stroj
der Geschirrspüler

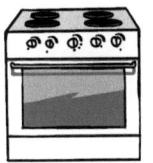

Kozica

der Herd

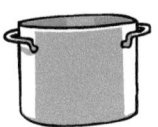

Lonec

der Topf

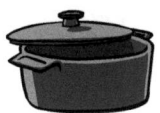

Litoželezni lonec

der Eisentopf

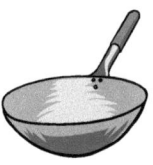

Vok / kadai

der Wok / Kadai

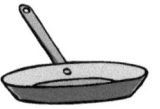

Ponev

die Pfanne

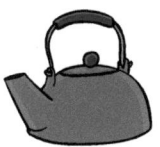

Kotliček

der Wasserkocher

Parni kuhalnik

der Dampfgarer

Pekač

das Backblech

Posoda

das Geschirr

Skodelica

der Becher

Skleda

die Schale

Jedilne paličice

die Essstäbchen

Zajemalka

die Suppenkelle

Lopatica

der Pfannenwender

Metlica

der Schneebesen

Cedilnik

das Kochsieb

Cedilo

das Sieb

Strgalo

die Reibe

Možnar

der Mörser

Žar

der Grill

Ognjišče

die Feuerstelle

Deska za rezanje

das Schneidebrett

Valjar

das Nudelholz

Odpirač za steklenice

der Korkenzieher

Pločevinka

die Dose

Odpirač za konzerve

der Dosenöffner

Prijemalka za posodo

der Topflappen

Korito

das Waschbecken

Ščetka

die Bürste

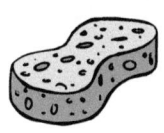

Goba

der Schwamm

Mešalnik

der Mixer

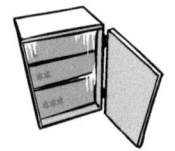

Zamrzovalna skrinja

die Gefriertruhe

Steklenička

die Babyflasche

Pipa

der Wasserhahn

Kopalnica
das Badezimmer

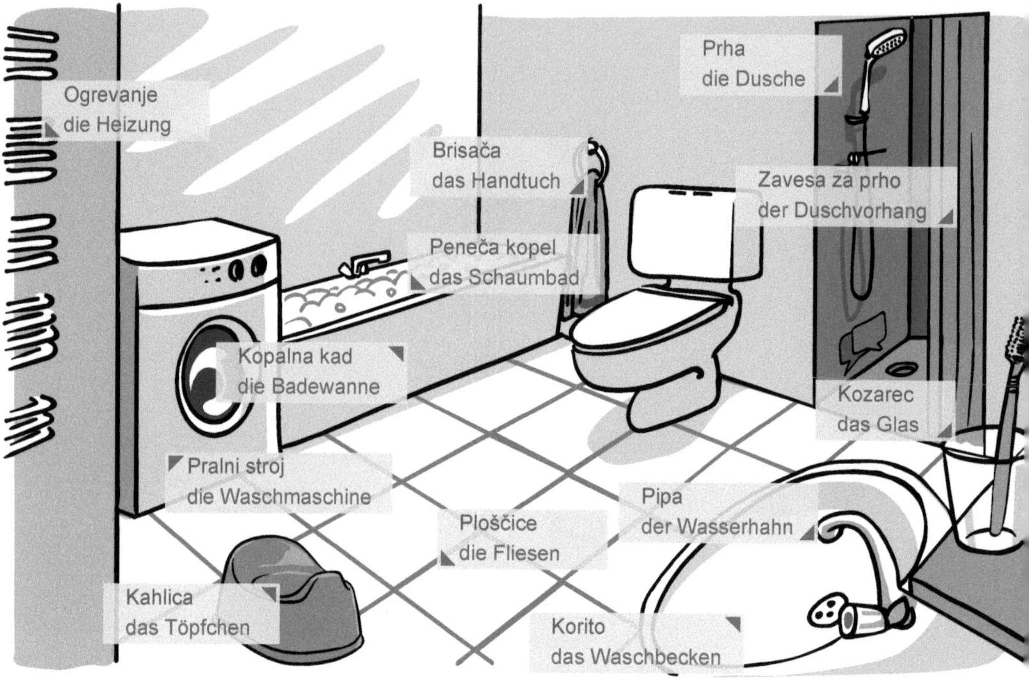

Ogrevanje
die Heizung

Prha
die Dusche

Brisača
das Handtuch

Zavesa za prho
der Duschvorhang

Peneča kopel
das Schaumbad

Kopalna kad
die Badewanne

Kozarec
das Glas

Pralni stroj
die Waschmaschine

Pipa
der Wasserhahn

Ploščice
die Fliesen

Kahlica
das Töpfchen

Korito
das Waschbecken

Stranišče
die Toilette

Stranišče na počep
die Hocktoilette

Bide
das Bidet

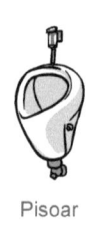

Pisoar
das Pissoir

Toaletni papir
das Toilettenpapier

Ščetka za straniščno školjko
die Toilettenbürste

Zobna ščetka

die Zahnbürste

Zobna pasta

die Zahnpasta

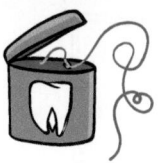

Zobna nitka

die Zahnseide

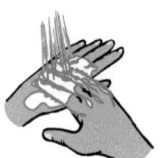

Umiti se

waschen

Ročna prha

die Handbrause

Prha za intimne dele

die Intimdusche

Umivalnik

die Waschschüssel

Krtača za hrbet

die Rückenbürste

Milo

die Seife

Gel za prhanje

das Duschgel

Šampon

das Shampoo

Krpica za miljenje

der Waschlappen

Odtok

der Abfluss

Krema

die Creme

Deodorant

das Deodorant

Ogledalo

der Spiegel

Ročno ogledalo

der Kosmetikspiegel

Britvica

der Rasierer

Pena za britje

der Rasierschaum

Vodica po britju

das Rasierwasser

Glavnik

der Kamm

Ščetka

die Bürste

Sušilnik za lase

der Föhn

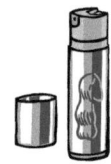

Lak za lase

das Haarspray

Ličila

das Makeup

Šminka

der Lippenstift

Lak za nohte

der Nagellack

Vatirane blazinice

die Watte

Škarjice za nohte

die Nagelschere

Parfum

das Parfum

Toaletna torbica

der Kulturbeutel

Stol brez naslonjala

der Hocker

Osebna tehtnica

die Waage

Kopalni plašč

der Bademantel

Gumijaste rokavice

die Gummihandschuhe

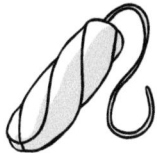

Tampon

das Tampon

Damski vložki

die Damenbinde

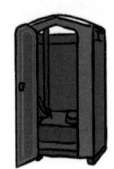

Kemično stranišče

die Chemietoilette

Otroška soba

das Kinderzimmer

Budilka
der Wecker
Plišasta igrača
das Kuscheltier
Avtomobilček
das Spielzeugauto
Ropotuljica
die Rassel
Hiška za punčke
das Puppenhaus
Darilo
das Geschenk

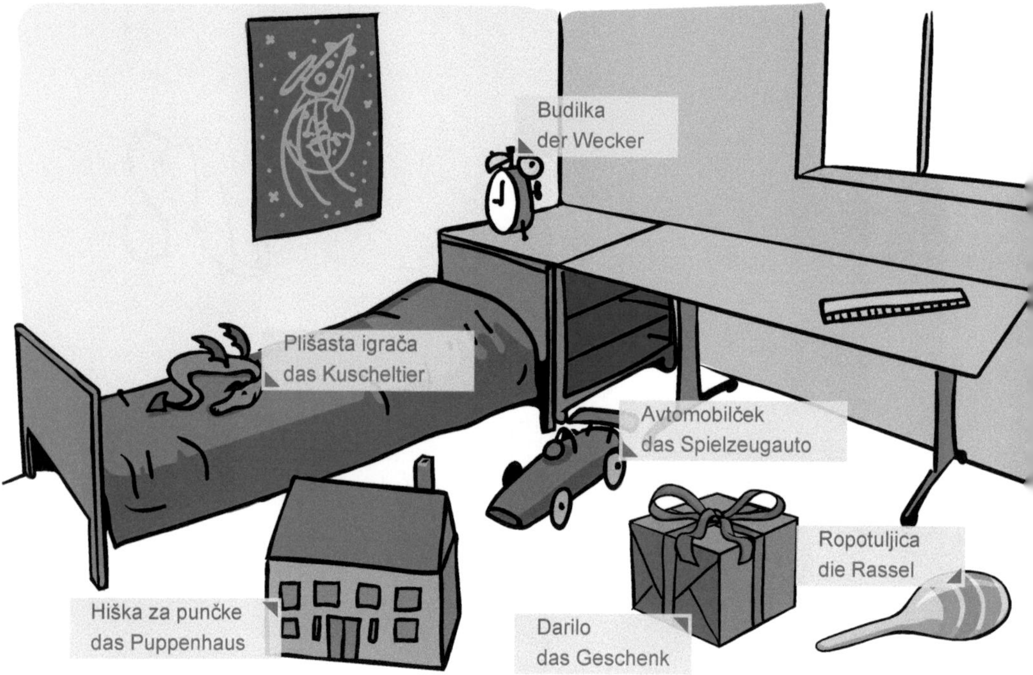

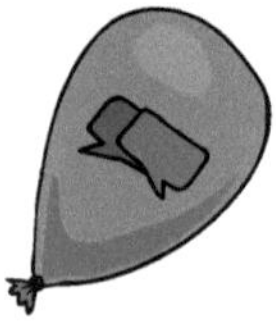

Balon

der Ballon

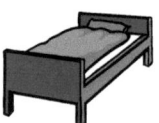

Postelja

das Bett

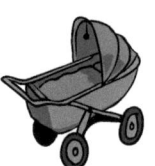

Otroški voziček

der Kinderwagen

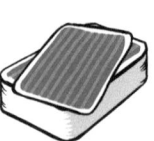

Igralne karte

das Kartenspiel

Sestavljanka

das Puzzle

SUPER
MEGA

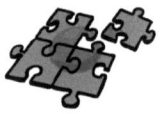

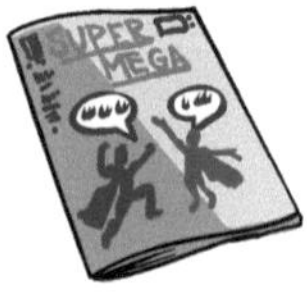

Strip

der Comic

Lego kocke

die Legosteine

Igralne kocke

die Bausteine

Akcijska figura

die Action Figur

Bodi

der Strampelanzug

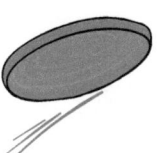

Frizbi

das Frisbee

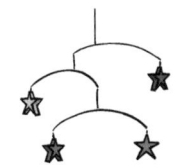

Vrtiljak za posteljico

das Mobile

Namizna igra

das Brettspiel

Kocka

der Würfel

Komplet modelov vlakov

die Modelleisenbahn

Duda

der Schnuller

Zabava

die Party

Slikanica

das Bilderbuch

Žoga

der Ball

Lutka

die Puppe

Igrati se

spielen

Peskovnik

der Sandkasten

Gugalnica

die Schaukel

Igrače

das Spielzeug

Igralna konzola

die Spielkonsole

Tricikel

das Dreirad

Plišasti medvedek

der Teddy

Garderoba

der Kleiderschrank

Oblačilo
die Kleidung

Nogavice

die Socken

Samostoječe nogavice

die Strümpfe

Hlačne nogavice

die Strumpfhose

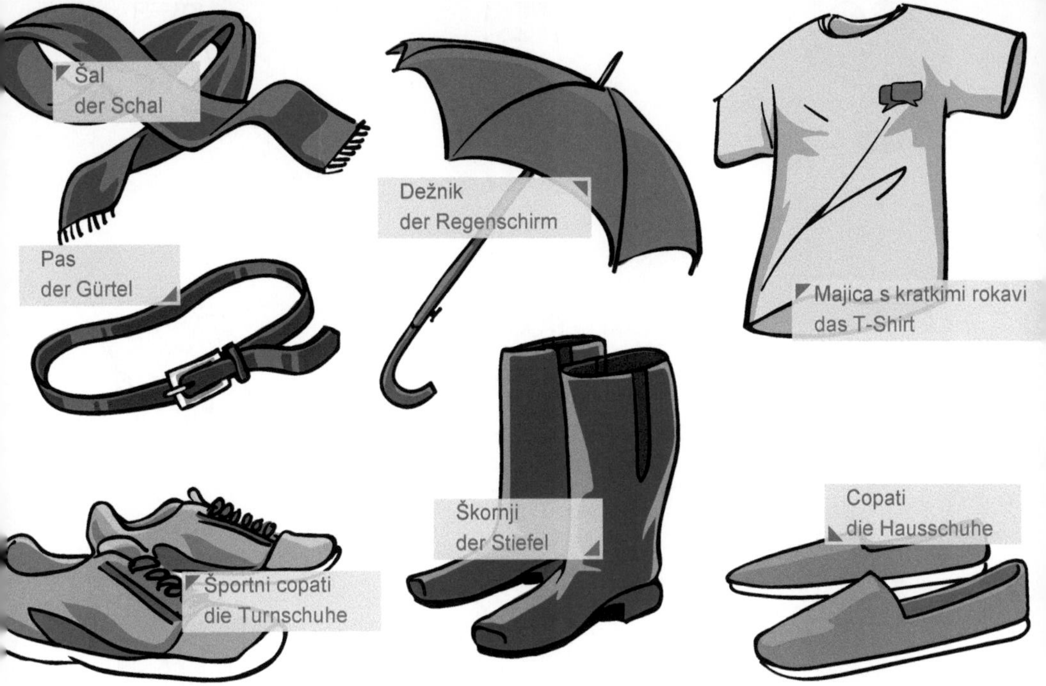

Šal
der Schal

Dežnik
der Regenschirm

Majica s kratkimi rokavi
das T-Shirt

Pas
der Gürtel

Športni copati
die Turnschuhe

Škornji
der Stiefel

Copati
die Hausschuhe

Sandali

die Sandalen

Čevlji

die Schuhe

Gumijasti škornji

die Gummistiefel

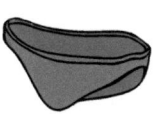

Spodnje hlače

die Unterhose

Modrček

der Büstenhalter

Telovnik

das Unterhemd

Bodi
der Body

Hlače
die Hose

Kavbojke
die Jeans

Krilo
der Rock

Bluza
die Bluse

Srajca
das Hemd

Pulover
der Pullover

Pletena jopica
der Kapuzenpullover

Jopa
der Blazer

Jakna
die Jacke

Plašč
der Mantel

Dežni plašč
der Regenmantel

Kostim
das Kostüm

Obleka
das Kleid

Poročna obleka
das Hochzeitskleid

Obleka

der Anzug

Spalna srajca

das Nachthemd

Pižama

der Schlafanzug

Sari

der Sari

Naglavna ruta

das Kopftuch

Turban

der Turban

Burka

die Burka

Kaftan

der Kaftan

Abaja

die Abaya

Kopalke

der Badeanzug

Kopalne hlače

die Badehose

Kratke hlače

die kurze Hose

Trenirka

der Trainingsanzug

Predpasnik

die Schürze

Rokavice

die Handschuhe

Gumb

der Knopf

Očala

die Brille

Zapestnica

das Armband

Verižica

die Halskette

Prstan

der Ring

Uhan

der Ohrring

Kapa

die Mütze

Obešalnik

der Kleiderbügel

Klobuk

der Hut

Kravata

die Krawatte

Zadrga

der Reißverschluss

Čelada

der Helm

Naramnice

der Hosenträger

Šolska uniforma

die Schuluniform

Uniforma

die Uniform

Slinček
das Lätzchen

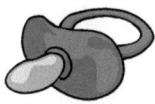

Duda
der Schnuller

Plenica
die Windel

Pisarna
das Büro

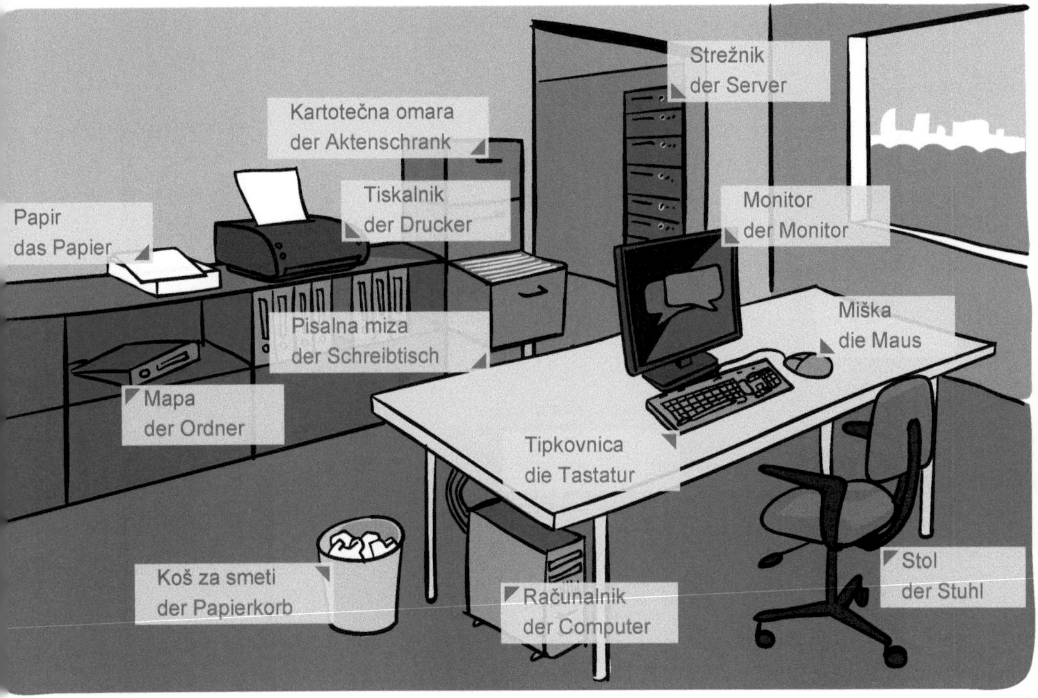

Strežnik
der Server

Kartotečna omara
der Aktenschrank

Tiskalnik
der Drucker

Monitor
der Monitor

Papir
das Papier

Pisalna miza
der Schreibtisch

Miška
die Maus

Mapa
der Ordner

Tipkovnica
die Tastatur

Koš za smeti
der Papierkorb

Stol
der Stuhl

Računalnik
der Computer

Lonček za kavo
der Kaffeebecher

Kalkulator
der Taschenrechner

Internet
das Internet

Prenosnik

der Laptop

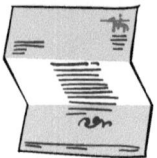

Pismo

der Brief

Sporočilo

die Nachricht

Mobilnik

das Handy

Omrežje

das Netzwerk

Kopirni stroj

der Kopierer

Programska oprema

die Software

Telefon

das Telefon

Vtičnica

die Steckdose

Telefaks

das Fax

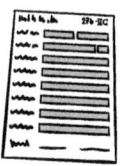

Obrazec

das Formular

Dokument

das Dokument

Kupiti

kaufen

Plačati

bezahlen

Trgovati

handeln

Denar

das Geld

 **USD**

Dolar

der Dollar

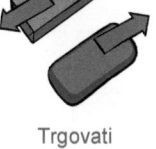 **EUR**

Evro

der Euro

JPY

Jen

der Yen

RUB

Rubelj

der Rubel

CHF

Švičarski frank

der Franken

CNY

Kitajski juan renminbi

der Renminbi Yuan

INR

Rupija

die Rupie

Bankomat

der Geldautomat

Menjalnica

die Wechselstube

Zlato

das Gold

Srebro

das Silber

Nafta

das Öl

Energija

die Energie

Cena

der Preis

Pogodba

der Vertrag

Davek

die Steuer

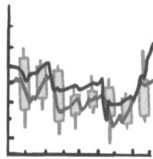

Delnice

die Aktie

Delati

arbeiten

Delojemalec

der Angestellte

Delodajalec

der Arbeitgeber

Tovarna

die Fabrik

Trgovina

das Geschäft

Poklici
die Berufe

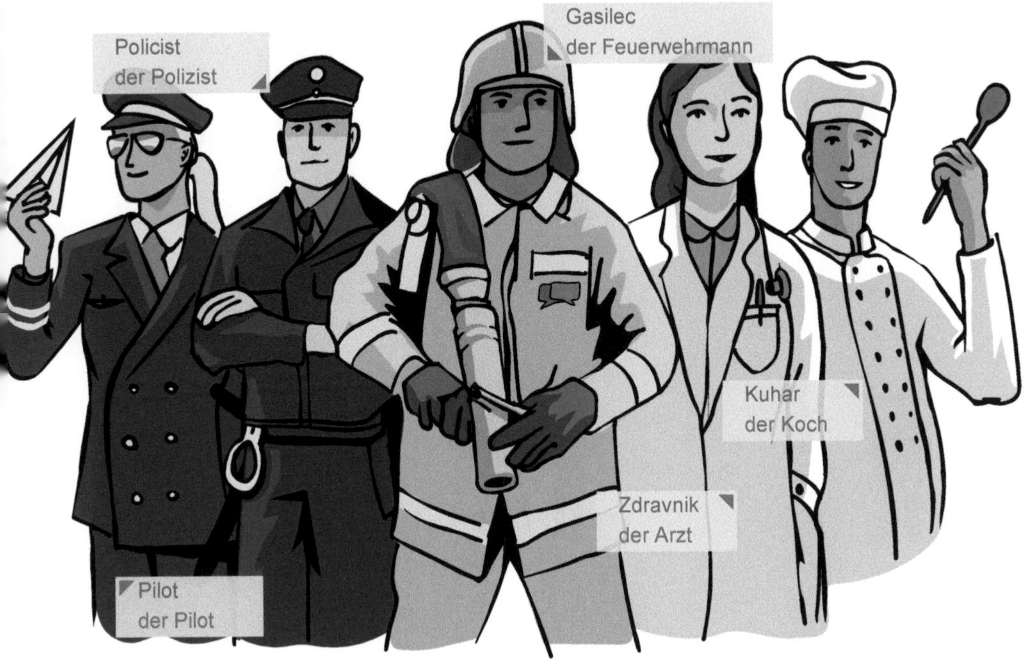
Policist
der Polizist
Gasilec
der Feuerwehrmann
Kuhar
der Koch
Zdravnik
der Arzt
Pilot
der Pilot

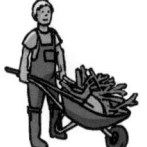

Vrtnar
....
der Gärtner

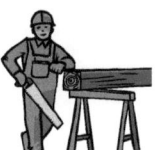

Mizar
....
der Tischler

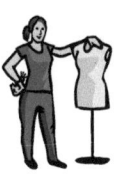

Šivilja
....
die Näherin

Sodnik
....
der Richter

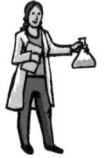

Kemik
....
der Chemiker

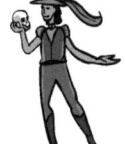

Igralec
....
der Schauspieler

Voznik avtobusa

der Busfahrer

Taksist

der Taxifahrer

Ribič

der Fischer

Čistilka

die Putzfrau

Krovec

der Dachdecker

Natakar

der Kellner

Lovec

der Jäger

Pleskar

der Maler

Pek

der Bäcker

Električar

der Elektriker

Gradbenik

der Bauarbeiter

Inženir

der Ingenieur

Mesar

der Schlachter

Vodovodni inštalater

der Klempner

Poštar

der Postbote

Vojak

der Soldat

Arhitekt

der Architekt

Blagajnik

der Kassierer

Cvetličar

der Florist

Frizer

der Friseur

Sprevodnik

der Schaffner

Mehanik

der Mechaniker

Kapitan

der Kapitän

Zobozdravnik

der Zahnarzt

Znanstvenik

der Wissenschaftler

Rabin

der Rabbi

Imam

der Imam

Menih

der Mönch

Duhovnik

der Geistliche

Orodje

die Werkzeuge

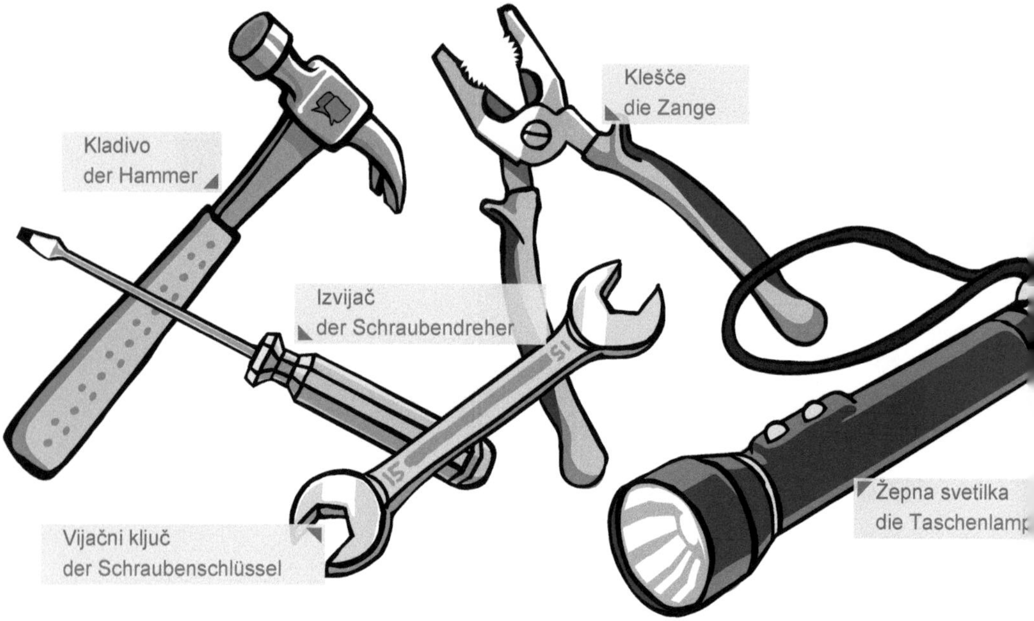
Kladivo
der Hammer
Klešče
die Zange
Izvijač
der Schraubendreher
Vijačni ključ
der Schraubenschlüssel
Žepna svetilka
die Taschenlamp

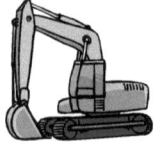

Bager

der Bagger

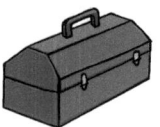

Zaboj z orodjem

der Werkzeugkasten

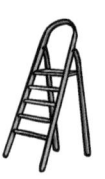

Lestev

die Leiter

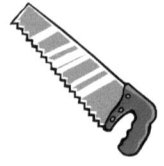

Žaga

die Säge

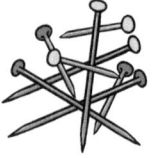

Žeblji

die Nägel

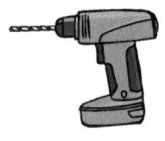

Vrtalnik

der Bohrer

Popraviti

reparieren

Lopata

die Schaufel

Šment!

Mist!

Smetišnica

das Kehrblech

Posoda z barvo

der Farbtopf

Vijaki

die Schrauben

Glasbeni instrument
die Musikinstrumente

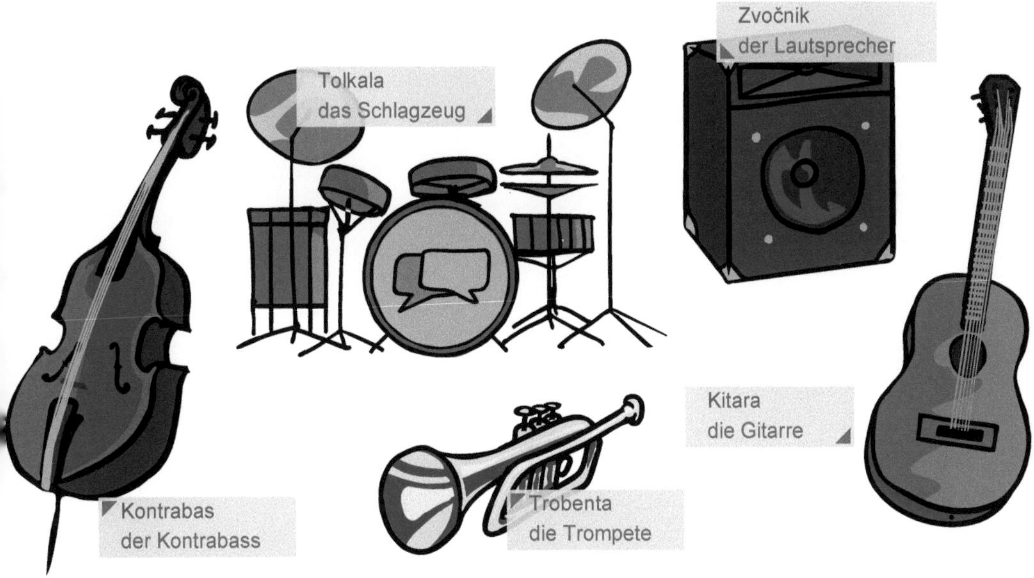

Tolkala
das Schlagzeug

Zvočnik
der Lautsprecher

Kitara
die Gitarre

Kontrabas
der Kontrabass

Trobenta
die Trompete

Klavir

das Klavier

Violina

die Violine

Bas kitara

der Bass

Pavke

die Pauke

Bobni

die Trommeln

Sintetizator

das Keyboard

Saksofon

das Saxophon

Flavta

die Flöte

Mikrofon

das Mikrofon

Živalski vrt

der Zoo

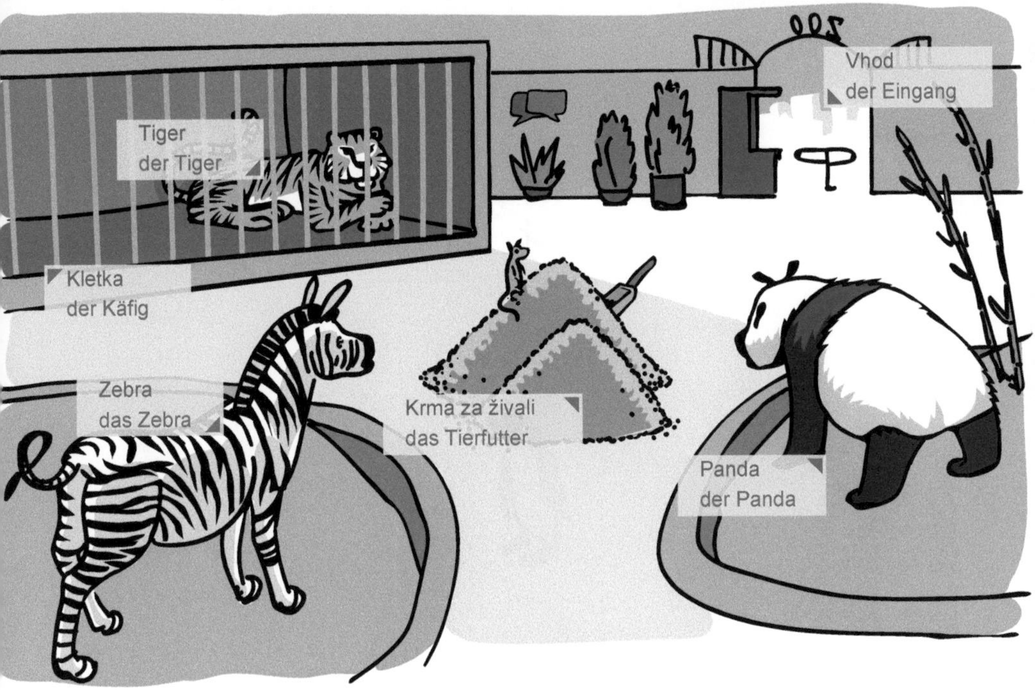
Tiger
der Tiger
Vhod
der Eingang
Kletka
der Käfig
Zebra
das Zebra
Krma za živali
das Tierfutter
Panda
der Panda

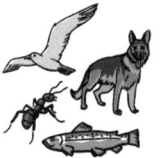

Živali

die Tiere

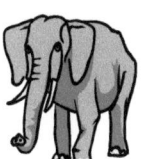

Slon

der Elefant

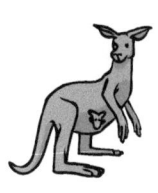

Kenguru

das Känguruh

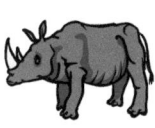

Nosorog

das Nashorn

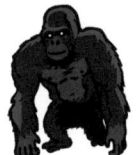

Gorila

der Gorilla

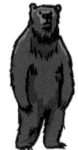

Medved

der Bär

Kamela

das Kamel

Noj

der Strauß

Lev

der Löwe

Opica

der Affe

Plamenec

der Flamingo

Papagaj

der Papagei

Severni medved

der Eisbär

Pingvin

der Pinguin

Morski pes

der Hai

Pav

der Pfau

Kača

die Schlange

Krokodil

das Krokodil

Oskrbnik v živalskem vrtu

der Zoowärter

Tjulenj

die Robbe

Jaguar

der Jaguar

Poni

das Pony

Leopard

der Leopard

Povodni konj

das Nilpferd

Žirafa

die Giraffe

Orel

der Adler

Divji prašič

das Wildschwein

Riba

der Fisch

Želva

die Schildkröte

Mrož

das Walross

Lisica

der Fuchs

Gazela

die Gazelle

Ameriški nogomet
das American Football

Kolesarjenje
das Radfahren

Tenis
das Tennis

Košarka
der Basketball

Plavanje
das Schwimmen

Boks
das Boxen

Hokej
das Eishockey

Nogomet
der Fußball

Badminton
das Badminton

Atletika
die Leichtathletik

Rokomet
der Handball

Smučanje
das Skilaufen

Polo
das Polo

Dejavnosti
die Aktivitäten

Skočiti
springen
Objeti
umarmen
Smejati se
lachen
Hoditi
gehen
Peti
singen
Sanjati
träumen
Moliti
beten
Poljubiti
küssen

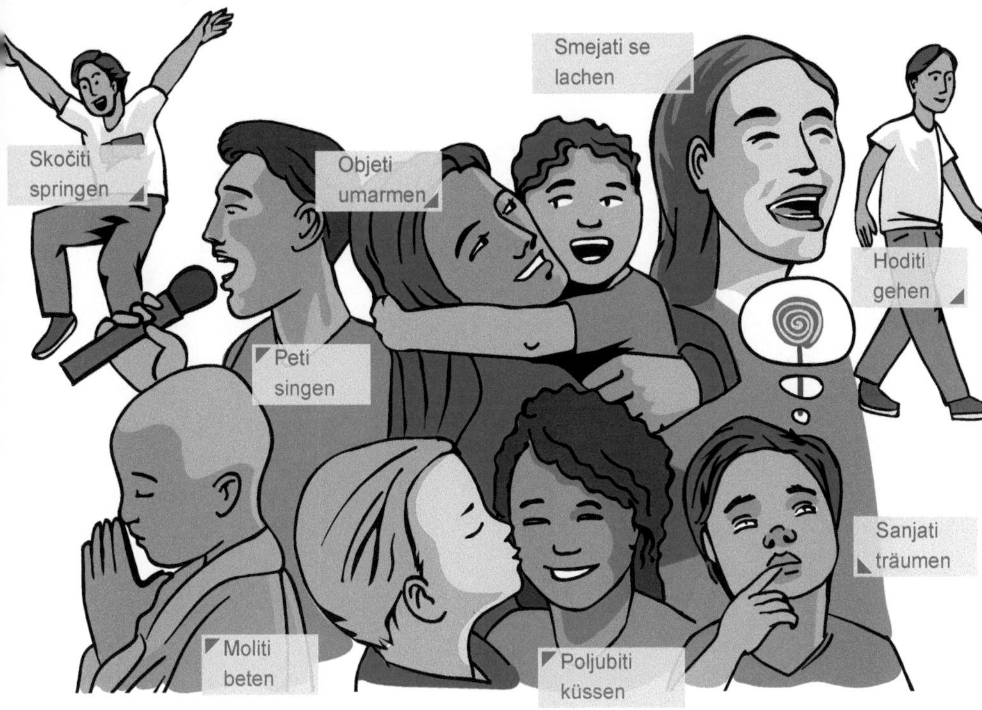

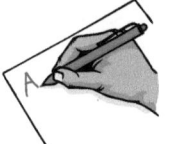

Pisati
schreiben

Risati
zeichnen

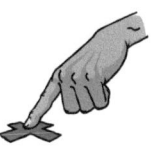

Pokazati
zeigen

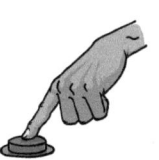

Potisniti
drücken

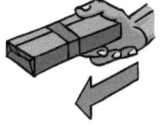

Dati
geben

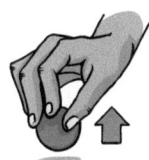

Vzeti
nehmen

Imeti

haben

Narediti

tun

Biti

sein

Stati

stehen

Teči

laufen

Vleči

ziehen

Vreči

werfen

Pasti

fallen

Ležati

liegen

Čakati

warten

Nositi

tragen

Sedeti

sitzen

Obleči se

anziehen

Spati

schlafen

Zbuditi se

aufwachen

Gledati

ansehen

Jokati

weinen

Božati

streicheln

Česati se

kämmen

Govoriti

reden

Razumeti

verstehen

Vprašati

fragen

Poslušati

hören

Piti

trinken

Jesti

essen

Pospraviti

aufräumen

Ljubiti

lieben

Kuhati

kochen

Voziti

fahren

Leteti

fliegen

Jadrati

segeln

Računanje

rechnen

Brati

lesen

Učiti se

lernen

Delati

arbeiten

Poročiti se

heiraten

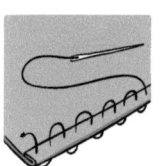

Šivati

nähen

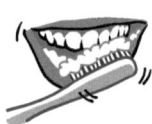

Ščetkati si zobe

Zähne putzen

Ubiti

töten

Kaditi

rauchen

Poslati

senden

Družina
die Familie

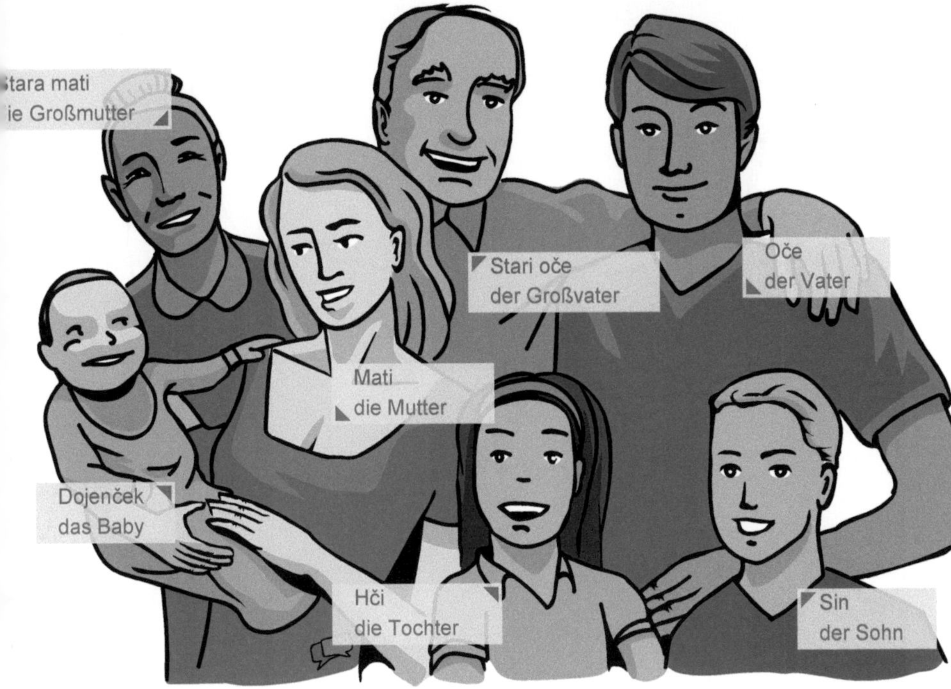

tara mati
ie Großmutter
Stari oče
der Großvater
Oče
der Vater
Mati
die Mutter
Dojenček
das Baby
Hči
die Tochter
Sin
der Sohn

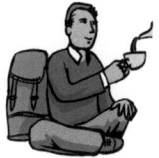

Gost

der Gast

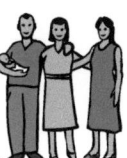

Teta

die Tante

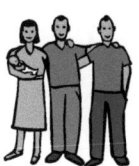

Stric

der Onkel

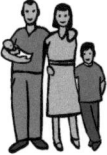

Brat

der Bruder

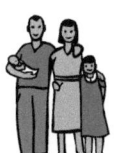

Sestra

die Schwester

Telo

der Körper

Čelo
die Stirn
Oko
das Auge
Rama
die Schulter
Prst
der Finger
Obraz
das Gesicht
Brada
das Kinn
Dlan
die Hand
Noga
das Bein
Prsi
die Brust
Roka
der Arm

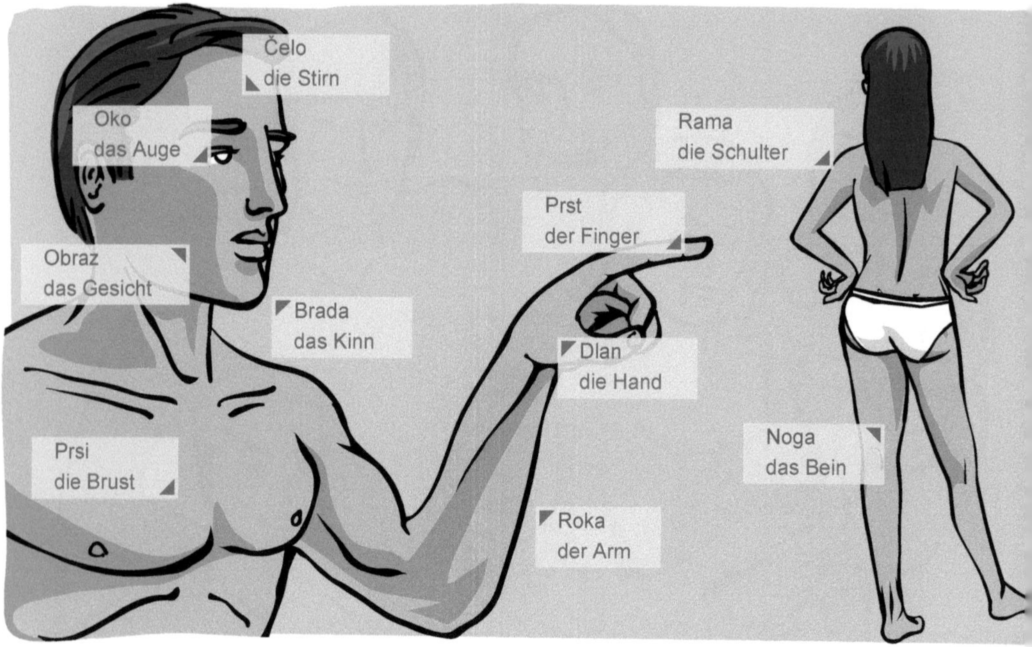

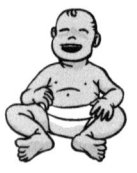

Dojenček

das Baby

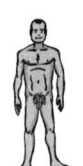

Človek

der Mann

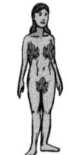

Ženska

die Frau

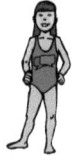

Dekle

das Mädchen

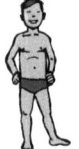

Fant

der Junge

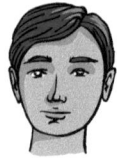

Glava

der Kopf

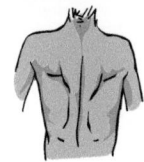

Hrbet

der Rücken

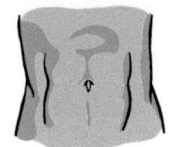

Trebuh

der Bauch

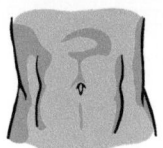

Popek

der Nabel

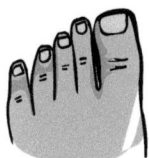

Prst na nogi

der Zeh

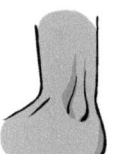

Peta

die Ferse

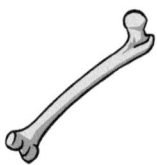

Kost

der Knochen

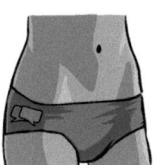

Kolk

die Hüfte

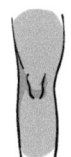

Koleno

das Knie

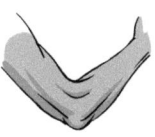

Komolec

der Ellenbogen

Nos

die Nase

Zadnjica

das Gesäß

Koža

die Haut

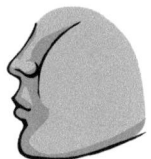

Lice

die Wange

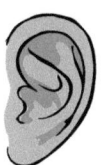

Uho

das Ohr

Ustnica

die Lippe

Usta

der Mund

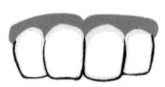

Zob

der Zahn

Jezik

die Zunge

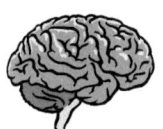

Možgani

das Gehirn

Srce

das Herz

Mišica

der Muskel

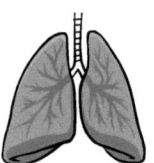

Pljuča

die Lunge

Jetra

die Leber

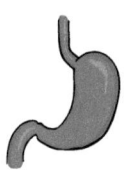

Želodec

der Magen

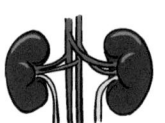

Ledvice

die Nieren

Spolni odnos

der Geschlechtsverkehr

Kondom

das Kondom

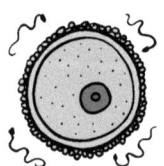

Jajčece

die Eizelle

Semenska tekočina

das Sperma

Nosečnost

die Schwangerschaft

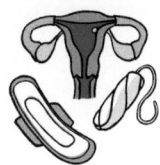

Menstruacija

die Menstruation

Vagina

die Vagina

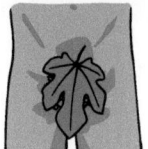

Penis

der Penis

Obrv

die Augenbraue

Lasje

das Haar

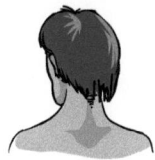

Vrat

der Hals

Bolnišnica
das Krankenhaus

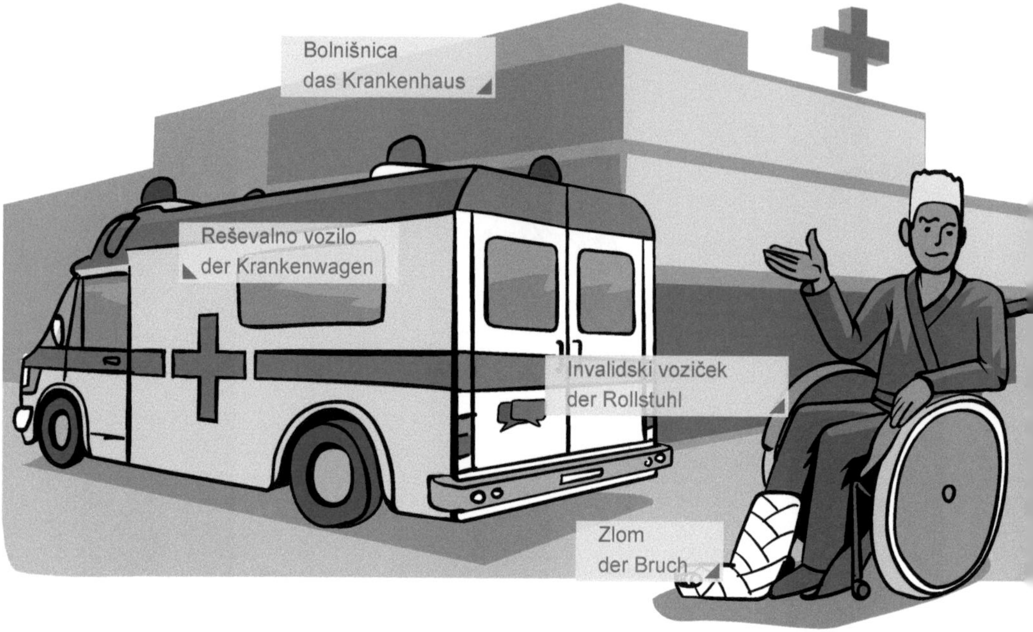

Bolnišnica
das Krankenhaus
Reševalno vozilo
der Krankenwagen
Invalidski voziček
der Rollstuhl
Zlom
der Bruch

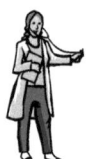

Zdravnik

der Arzt

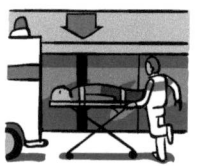

Urgenca

die Notaufnahme

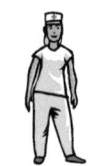

Medicinska sestra

die Krankenschwester

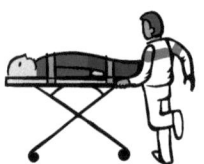

Nujni primer

der Notfall

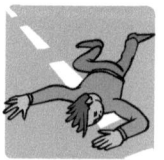

Nezavesten

ohnmächtig

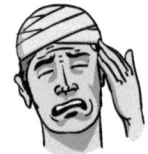

Bolečina

der Schmerz

Poškodba

die Verletzung

Krvavenje

die Blutung

Srčni infarkt

der Herzinfarkt

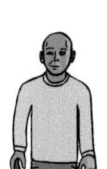

Kap

der Schlaganfall

Alergija

die Allergie

Kašelj

der Husten

Vročina

das Fieber

Gripa

die Grippe

Driska

der Durchfall

Glavobol

die Kopfschmerzen

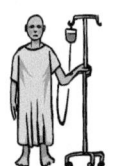

Rak

der Krebs

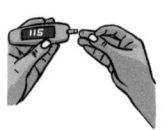

Sladkorna bolezen

die Diabetis

Kirurg

der Chirurg

Skalpel

das Skalpell

Operacija

die Operation

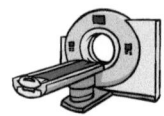

CT
das CT

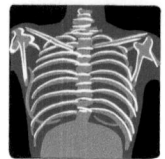

Rentgen
das Röntgen

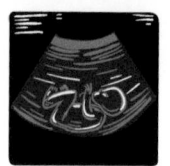

Ultrazvok
das Ultraschall

Obrazna maska
die Maske

Bolezen
die Krankheit

Čakalnica
das Wartezimmer

Bergla
die Krücke

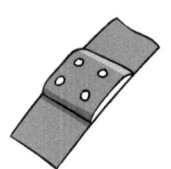

Obliž
das Pflaster

Preveza
der Verband

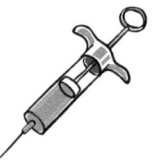

Injekcija
die Injektion

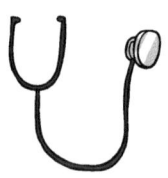

Stetoskop
das Stethoskop

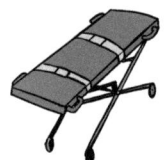

Nosila
die Trage

Klinični termometer
das Thermometer

Porod
die Geburt

Prekomerna teža
das Übergewicht

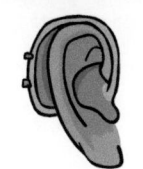

Slušni pripomoček

das Hörgerät

Razkužilo

das Desinfektionsmittel

Okužba

die Infektion

Virus

das Virus

HIV / AIDS

das HIV / AIDS

Medicina

die Medizin

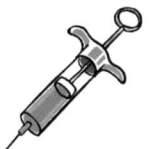

Cepljenje

die Impfung

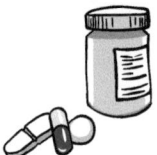

Tablete

die Tabletten

Tableta

die Pille

Klic v sili

der Notruf

Merilnik krvnega tlaka

das Blutdruck-Messgerät

bolano / zdravo

krank / gesund

Na pomoč!

Hilfe!

Alarm

der Alarm

Napad

der Überfall

Napad

der Angriff

Nevarnost

die Gefahr

Izhod v sili

der Notausgang

Gori!

Feuer!

Gasilni aparat

der Feuerlöscher

Nezgoda

der Unfall

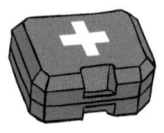

Komplet za prvo pomoč

der Erste-Hilfe-Koffer

SOS

SOS

Policija

die Polizei

Evropa

das Europa

Severna Amerika

das Nordamerika

Južna Amerika

das Südamerika

Afrika

das Afrika

Azija

das Asien

Avstralija

das Australien

Atlantski ocean

der Atlantik

Tihi ocean

der Pazifik

Indijski ocean

der Indische Ozean

Južni ocean

der Antarktische Ozean

Arktični ocean

der Arktische Ozean

Severni tečaj

der Nordpol

Južni tečaj

der Südpol

Antarktika

die Antarktis

Zemlja

die Erde

Kopno

das Land

Morje

das Meer

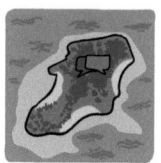

Otok

die Insel

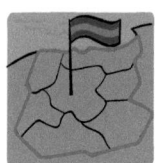

Narod

die Nation

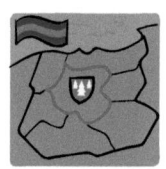

Država

der Staat

Številčnica

das Zifferblatt

Urni kazalec

der Stundenzeiger

Minutni kazalec

der Minutenzeiger

Sekundni kazalec

der Sekundenzeiger

Koliko je ura?

Wie spät ist es?

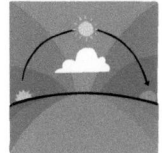

Dan

der Tag

Čas

die Zeit

Zdaj

jetzt

Digitalna ura

die Digitaluhr

Minuta

die Minute

Ura

die Stunde

Teden
die Woche

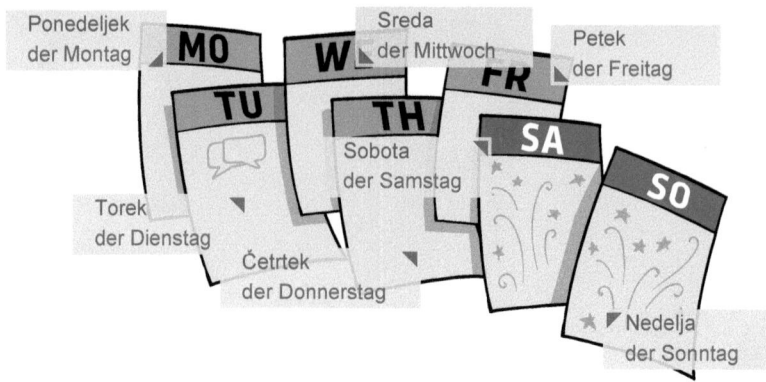

Ponedeljek
der Montag

Sreda
der Mittwoch

Petek
der Freitag

Torek
der Dienstag

Sobota
der Samstag

Četrtek
der Donnerstag

Nedelja
der Sonntag

Včeraj

gestern

Danes

heute

Jutri

morgen

Jutro

der Morgen

Poldne

der Mittag

Večer

der Abend

MO	TU	WE	TH	FR	SA	SU
1	2	3	4	5	6	7
8	9	10	11	12	13	14
15	16	17	18	19	20	21
22	23	24	25	26	27	28
29	30	31	1	2	3	4

Delovni dnevi

die Arbeitstage

MO	TU	WE	TH	FR	SA	SU
1	2	3	4	5	6	7
8	9	10	11	12	13	14
15	16	17	18	19	20	21
22	23	24	25	26	27	28
29	30	31	1	2	3	4

Konec tedna

das Wochenende

Leto
das Jahr

Mavrica
der Regenbogen
Dež
der Regen
Sneg
der Schnee
Veter
der Wind
Pomlad
der Frühling
Jesen
der Herbst
Poletje
der Sommer
Zima
der Winter

4.APRIL 11°
5.APRIL 4°
6.APRIL 13°
7.APRIL 8°
8.APRIL 10°

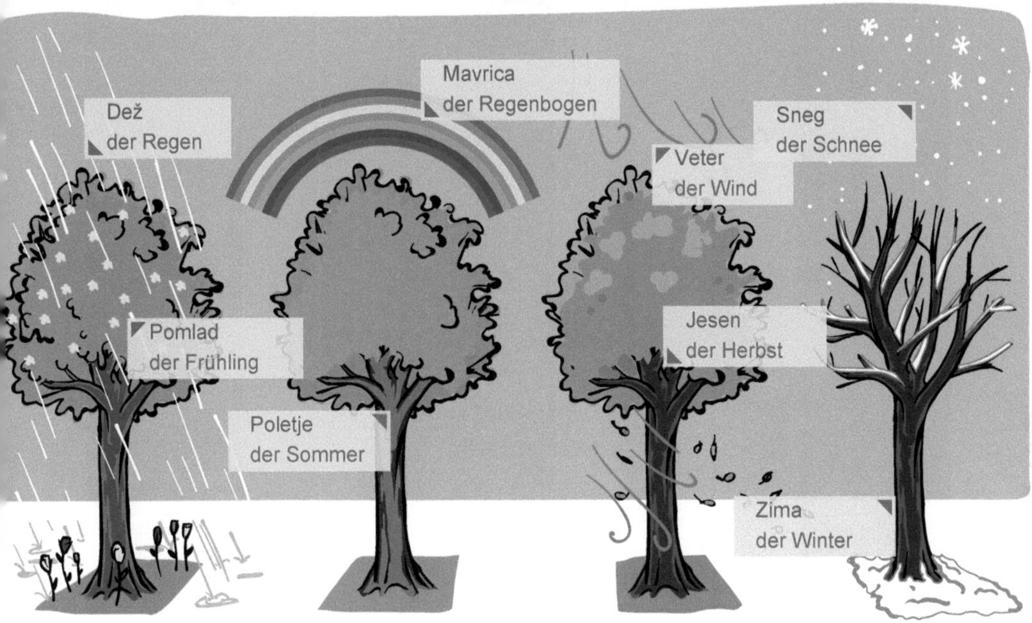

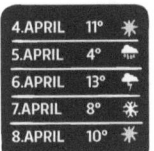

Vremenska napoved

die Wettervorhersage

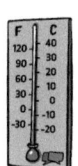

Termometer

das Thermometer

Sončna svetloba

der Sonnenschein

Oblak

die Wolke

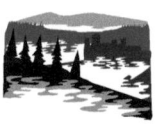

Megla

der Nebel

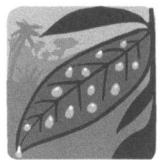

Vlažnost

die Luftfeuchtigkeit

Strela

der Blitz

Grom

der Donner

Nevihta

der Sturm

Toča

der Hagel

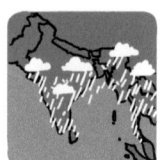

Monsun

der Monsun

Poplava

die Flut

Led

das Eis

Januar

der Januar

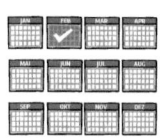

Februar

der Februar

Marec

der März

April

der April

Maj

der Mai

Junij

der Juni

Julij

der Juli

Avgust

der August

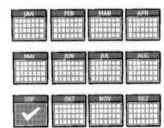

September
....
der September

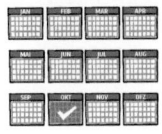

Oktober
....
der Oktober

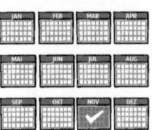

November
....
der November

December
....
der Dezember

Oblike
die Formen

Krogla
....
der Kreis

Kvadrat
....
das Quadrat

Pravokotnik
....
das Rechteck

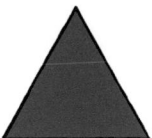

Trikotnik
....
das Dreieck

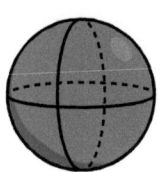

Krogla
....
die Kugel

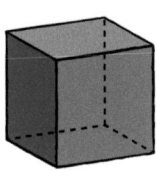

Kocka
....
der Würfel

Barve
die Farben

Bela

weiß

Rumena

gelb

Oranžna

orange

Rožnata

pink

Rdeča

rot

Vijolična

lila

Modra

blau

Zelena

grün

Rjava

braun

Siva

grau

Črna

schwarz

veliko / malo

viel / wenig

jezno / umirjeno

wütend / friedlich

lepo / grdo

hübsch / hässlich

začetek / konec

der Anfang / das Ende

veliko / majhno

groß / klein

svetlo / temno

hell / dunkel

brat / sestra

der Bruder / die Schwester

čisto / umazano

sauber / schmutzig

popolno / nepopolno

vollständig / unvollständig

dan / noč

der Tag / die Nacht

mrtvo / živo

tot / lebendig

široko / ozko

breit / schmal

užitno / neužitno

genießbar / ungenießbar

zlobno / prijazno

böse / freundlich

vznemirjeno / zdolgočaseno

aufgeregt / gelangweilt

debelo / vitko

dick / dünn

prvo / zadnje

zuerst / zuletzt

prijatelj / sovražnik

der Freund / der Feind

polno / prazno

voll / leer

trdo / mehko

hart / weich

težko / lahko

schwer / leicht

lakota / žeja

der Hunger / der Durst

bolano / zdravo

krank / gesund

nezakonito / zakonito

illegal / legal

pametno / neumno

intelligent / dumm

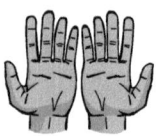

levo / desno

links / rechts

blizu / daleč

nah / fern

novo / rabljeno

neu / gebraucht

nič / nekaj

nichts / etwas

staro / mlado

alt / jung

vklopljeno / izklopljeno

an / aus

odprto / zaprto

offen / geschlossen

tiho / glasno

leise / laut

bogato / revno

reich / arm

prav / narobe

richtig / falsch

grobo / gladko

rau / glatt

žalostno / veselo

traurig / glücklich

kratko / dolgo

kurz / lang

počasi / hitro

langsam / schnell

mokro / suho

nass / trocken

toplo / hladno

warm / kühl

vojna / mir

der Krieg / der Frieden

Števila

die Zahlen

0

Ničla

null

1

Ena

eins

2

Dva

zwei

3

Tri

drei

4

Štiri

vier

5

Pet

fünf

6

Šest

sechs

7

Sedem

sieben

8

Osem

acht

9

Devet

neun

10

Deset

zehn

11

Enajst

elf

12

Dvanajst

zwölf

13

Trinajst

dreizehn

14

Štirinajst

vierzehn

15

Petnajst

fünfzehn

16

Šestnajst

sechzehn

17

Sedemnajst

siebzehn

18

Osemnajst

achtzehn

19

Devetnajst

neunzehn

20

Dvajset

zwanzig

100

Sto

hundert

1.000

Tisoč

tausend

1.000.000

Milijon

million

die Sprachen

Angleščina

Englisch

Ameriška angleščina

Amerikanisches Englisch

Mandarinščina

Chinesisch Mandarin

Hindujščina

Hindi

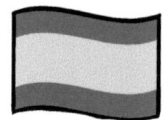

Španščina

Spanisch

Francoščina

Französisch

Arabščina

Arabisch

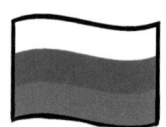

Ruščina

Russisch

Portugalščina

Portugiesisch

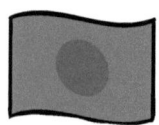

Bengalščina

Bengalisch

Nemščina

Deutsch

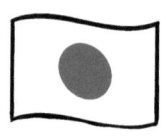

Japonščina

Japanisch

Jaz

ich

Ti

du

On / ona / tisto

er / sie / es

Mi

wir

Vi

ihr

Oni

sie

Kdo?

wer?

Kaj?

was?

Kako?

wie?

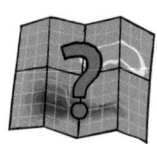

Kje?

wo?

Kdaj?

wann?

Ime

Name

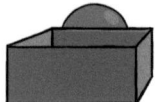

Zadaj

hinter

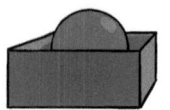

V

in

Pred

vor

Nad

über

Na

auf

Pod

unter

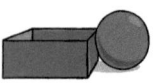

Poleg

neben

Med

zwischen

Kraj

der Ort